Weekly
Agenda

This Agenda Belongs To:

Weekly Agenda

Mon

Tue

Wed

Thu

Fri

Sat

Sun

Weekly Agenda

Mon

Tue

Wed

Thu

Fri

Sat

Sun

Weekly Agenda

Mon

Tue

Wed

Thu

Fri

Sat

Sun

Weekly Agenda

Mon

Tue

Wed

Thu

Fri

Sat

Sun

Weekly Agenda

Mon

Tue

Wed

Thu

Fri

Sat

Sun

Mon

Tue

Wed

Thu

Fri

Sat

Sun

Weekly Agenda

Mon

Tue

Wed

Thu

Fri

Sat

Sun

Weekly Agenda

Mon

Tue

Wed

Thu

Fri

Sat

Sun

Weekly Agenda

Mon

Tue

Wed

Thu

Fri

Sat

Sun

Weekly Agenda

Mon

Tue

Wed

Thu

Fri

Sat

Sun

Weekly Agenda

Mon

Tue

Wed

Thu

Fri

Sat

Sun

Weekly Agenda

Mon

Tue

Wed

Thu

Fri

Sat

Sun

Weekly Agenda

Mon

Tue

Wed

Thu

Fri

Sat

Sun

Mon

Tue

Wed

Thu

Fri

Sat

Sun

Weekly Agenda

Mon

Tue

Wed

Thu

Fri

Sat

Sun

Weekly Agenda

Mon

Tue

Wed

Thu

Fri

Sat

Sun

Weekly Agenda

Mon

Tue

Wed

Thu

Fri

Sat

Sun

Weekly Agenda

Mon

Tue

Wed

Thu

Fri

Sat

Sun

Weekly Agenda

Mon

Tue

Wed

Thu

Fri

Sat

Sun

Weekly Agenda

Mon

Tue

Wed

Thu

Fri

Sat

Sun

Weekly Agenda

Mon

Tue

Wed

Thu

Fri

Sat

Sun

Weekly Agenda

Mon

Tue

Wed

Thu

Fri

Sat

Sun

Weekly Agenda

Mon

Tue

Wed

Thu

Fri

Sat

Sun

Weekly Agenda

Mon

Tue

Wed

Thu

Fri

Sat

Sun

Weekly Agenda

Mon

Tue

Wed

Thu

Fri

Sat

Sun

Weekly Agenda

Mon

Tue

Wed

Thu

Fri

Sat

Sun

Mon

Tue

Wed

Thu

Fri

Sat

Sun

Mon

Tue

Wed

Thu

Fri

Sat

Sun

Weekly Agenda

Mon

Tue

Wed

Thu

Fri

Sat

Sun

Weekly Agenda

Mon

Tue

Wed

Thu

Fri

Sat

Sun

Weekly Agenda

Mon

Tue

Wed

Thu

Fri

Sat

Sun

Weekly Agenda

Mon

Tue

Wed

Thu

Fri

Sat

Sun

Weekly Agenda

Mon

Tue

Wed

Thu

Fri

Sat

Sun

Weekly Agenda

Mon

Tue

Wed

Thu

Fri

Sat

Sun

Weekly Agenda

Mon

Tue

Wed

Thu

Fri

Sat

Sun

Weekly Agenda

Mon

Tue

Wed

Thu

Fri

Sat

Sun

Weekly Agenda

Mon

Tue

Wed

Thu

Fri

Sat

Sun

Weekly Agenda

Mon

Tue

Wed

Thu

Fri

Sat

Sun

Weekly Agenda

Mon

Tue

Wed

Thu

Fri

Sat

Sun

Mon

Tue

Wed

Thu

Fri

Sat

Sun

Weekly Agenda

Mon

Tue

Wed

Thu

Fri

Sat

Sun

Weekly Agenda

Mon

Tue

Wed

Thu

Fri

Sat

Sun

Weekly Agenda

Mon

Tue

Wed

Thu

Fri

Sat

Sun

Weekly Agenda

Mon

Tue

Wed

Thu

Fri

Sat

Sun

Weekly Agenda

Mon

Tue

Wed

Thu

Fri

Sat

Sun

Weekly Agenda

Mon

Tue

Wed

Thu

Fri

Sat

Sun

Weekly Agenda

Mon

Tue

Wed

Thu

Fri

Sat

Sun

Weekly Agenda

Mon

Tue

Wed

Thu

Fri

Sat

Sun

Mon

Tue

Wed

Thu

Fri

Sat

Sun

Mon

Tue

Wed

Thu

Fri

Sat

Sun

Mon

Tue

Wed

Thu

Fri

Sat

Sun

Weekly Agenda

Mon

Tue

Wed

Thu

Fri

Sat

Sun

Weekly Agenda

Mon

Tue

Wed

Thu

Fri

Sat

Sun

Weekly Agenda

Mon

Tue

Wed

Thu

Fri

Sat

Sun

Weekly Agenda

Mon

Tue

Wed

Thu

Fri

Sat

Sun

Weekly Agenda

Mon

Tue

Wed

Thu

Fri

Sat

Sun

Mon

Tue

Wed

Thu

Fri

Sat

Sun

Weekly Agenda

Mon

Tue

Wed

Thu

Fri

Sat

Sun

Weekly Agenda

Mon

Tue

Wed

Thu

Fri

Sat

Sun

Weekly Agenda

Mon

Tue

Wed

Thu

Fri

Sat

Sun

Weekly Agenda

Mon

Tue

Wed

Thu

Fri

Sat

Sun

Weekly Agenda

Mon

Tue

Wed

Thu

Fri

Sat

Sun

Weekly Agenda

Mon

Tue

Wed

Thu

Fri

Sat

Sun

Weekly Agenda

Mon

Tue

Wed

Thu

Fri

Sat

Sun

Weekly Agenda

Mon

Tue

Wed

Thu

Fri

Sat

Sun

Weekly Agenda

Mon

Tue

Wed

Thu

Fri

Sat

Sun

Weekly Agenda

Mon

Tue

Wed

Thu

Fri

Sat

Sun

Weekly Agenda

Mon

Tue

Wed

Thu

Fri

Sat

Sun

Weekly Agenda

Mon

Tue

Wed

Thu

Fri

Sat

Sun

Weekly Agenda

Mon

Tue

Wed

Thu

Fri

Sat

Sun

Weekly Agenda

Mon

Tue

Wed

Thu

Fri

Sat

Sun

Weekly Agenda

Mon

Tue

Wed

Thu

Fri

Sat

Sun

Weekly Agenda

Mon

Tue

Wed

Thu

Fri

Sat

Sun

Weekly Agenda

Mon

Tue

Wed

Thu

Fri

Sat

Sun

Weekly Agenda

Mon

Tue

Wed

Thu

Fri

Sat

Sun

Weekly Agenda

Mon

Tue

Wed

Thu

Fri

Sat

Sun

Weekly Agenda

Mon

Tue

Wed

Thu

Fri

Sat

Sun

Weekly Agenda

Mon

Tue

Wed

Thu

Fri

Sat

Sun

Weekly Agenda

Mon

Tue

Wed

Thu

Fri

Sat

Sun

Weekly Agenda

Mon

Tue

Wed

Thu

Fri

Sat

Sun

Weekly Agenda

Mon

Tue

Wed

Thu

Fri

Sat

Sun

Weekly Agenda

Mon

Tue

Wed

Thu

Fri

Sat

Sun

Weekly Agenda

Mon

Tue

Wed

Thu

Fri

Sat

Sun

Weekly Agenda

Mon

Tue

Wed

Thu

Fri

Sat

Sun

Weekly Agenda

Mon

Tue

Wed

Thu

Fri

Sat

Sun

Mon

Tue

Wed

Thu

Fri

Sat

Sun

Weekly Agenda

Mon

Tue

Wed

Thu

Fri

Sat

Sun

Weekly Agenda

Mon

Tue

Wed

Thu

Fri

Sat

Sun

Weekly Agenda

Mon

Tue

Wed

Thu

Fri

Sat

Sun

Weekly Agenda

Mon

Tue

Wed

Thu

Fri

Sat

Sun

Weekly Agenda

Mon

Tue

Wed

Thu

Fri

Sat

Sun

Weekly Agenda

Mon

Tue

Wed

Thu

Fri

Sat

Sun

Weekly Agenda

Mon

Tue

Wed

Thu

Fri

Sat

Sun

Weekly Agenda

Mon

Tue

Wed

Thu

Fri

Sat

Sun

Weekly Agenda

Mon

Tue

Wed

Thu

Fri

Sat

Sun

Weekly Agenda

Mon

Tue

Wed

Thu

Fri

Sat

Sun

Weekly Agenda

Mon

Tue

Wed

Thu

Fri

Sat

Sun

Weekly Agenda

Mon

Tue

Wed

Thu

Fri

Sat

Sun

Weekly Agenda

Mon

Tue

Wed

Thu

Fri

Sat

Sun

Weekly Agenda

Mon

Tue

Wed

Thu

Fri

Sat

Sun

Weekly Agenda

Mon

Tue

Wed

Thu

Fri

Sat

Sun

Weekly Agenda

Mon

Tue

Wed

Thu

Fri

Sat

Sun

Weekly Agenda

Mon

Tue

Wed

Thu

Fri

Sat

Sun

 Weekly Agenda

Mon

Tue

Wed

Thu

Fri

Sat

Sun

Weekly Agenda

Mon

Tue

Wed

Thu

Fri

Sat

Sun

Weekly Agenda

Mon

Tue

Wed

Thu

Fri

Sat

Sun

Weekly Agenda

Mon

Tue

Wed

Thu

Fri

Sat

Sun

Mon

Tue

Wed

Thu

Fri

Sat

Sun

Weekly Agenda

Mon

Tue

Wed

Thu

Fri

Sat

Sun

Weekly Agenda

Mon

Tue

Wed

Thu

Fri

Sat

Sun

Weekly Agenda

Mon

Tue

Wed

Thu

Fri

Sat

Sun

Weekly Agenda

Mon

Tue

Wed

Thu

Fri

Sat

Sun

Weekly Agenda

Mon

Tue

Wed

Thu

Fri

Sat

Sun

Weekly Agenda

Mon

Tue

Wed

Thu

Fri

Sat

Sun

Mon

Tue

Wed

Thu

Fri

Sat

Sun

Weekly Agenda

Mon

Tue

Wed

Thu

Fri

Sat

Sun

Weekly Agenda

Mon

Tue

Wed

Thu

Fri

Sat

Sun

Weekly Agenda

Mon

Tue

Wed

Thu

Fri

Sat

Sun

Weekly Agenda

Mon

Tue

Wed

Thu

Fri

Sat

Sun

Weekly
Agenda

www.ingramcontent.com/pod-product-compliance
Lightning Source LLC
Chambersburg PA
CBHW040909110726
48005CB00006B/841